LA ONU

Una organización en el punto de mira

Por Camille David
En colaboración con Thomas Jacquemin
Traducido por Laura Bernal Martín

Historia en50MINUTOS.es

LAS NACIONES UNIDAS

- **¿Cuándo?** Ratificación de la Carta de las Naciones Unidas el 24 de octubre de 1945
- **¿Dónde?** En San Francisco (Estados Unidos)
- **¿Actor principal?** Franklin D. Roosevelt, hombre de Estado americano (1882-1945)
- **¿Repercusiones?**
  - Establecimiento de operaciones de mantenimiento de la paz
  - Control nuclear
  - Contribución al bienestar económico y social

La Organización de las Naciones Unidas es una institución ineludible en la escena mundial que se sitúa regularmente en el punto de mira. No es posible contar el número de intervenciones dirigidas por la ONU en todo el mundo: operaciones de negociación de paz, envío de Cascos Azules para lograr el cese de los combates, asistencia humanitaria en un país sacudido por un seísmo, coordinación de la ayuda sanitaria en caso de epidemia... Sin embargo, esta institución no siempre tiene buena prensa y, a veces, es objeto de críticas relativas a su ineficacia en la resolución de ciertos conflictos. En cuanto a su estructura, es juzgada arcaica e inadaptada a las realidades y a los desafíos actuales, hasta el punto de que en ocasiones se cuestiona la propia existencia del organismo.

La ONU, cuyos orígenes se remontan a la Sociedad de Naciones creada en 1919, no es reciente: nace como consecuencia de los estragos provocados por la Segunda Guerra Mundial (1939-1945) con una voluntad profunda y común de crear un mundo mejor. Fundada el 24 de octubre de 1945 con la entrada en vigor de la Carta de las Naciones Unidas, la organización responde a las aspiraciones de sus Estados miembros, que quieren disponer de un espacio de diálogo político de escala global para impedir una nueva guerra, así como para solucionar los numerosos problemas generados por esta. Su estructura y su funcionamiento reflejan la nueva relación de fuerzas internacional que se establece tras el año 1945. Las repercusiones de la creación de la ONU son muy importantes: aún hoy en día, numerosos organismos dependen de ella. Con el fin de la Guerra Fría y la aparición de nuevos desafíos para la humanidad, el campo de actuación de la institución no ha dejado de extenderse. Pero, ¿sigue hoy en día teniendo razón de ser?

CONTEXTO

EL ANTEPASADO DE LA ONU: LA SOCIEDAD DE NACIONES (1919-1946)

La Organización de las Naciones Unidas no es el primer organismo de vocación mundial dotado de múltiples competencias que nace en el siglo XX. Sucede a otra institución creada en 1919, fruto del primer conflicto mundial: la Sociedad de Naciones (SDN).

La idea de crear este tipo de institución procede del presidente estadounidense en funciones durante la Primera Guerra Mundial, Thomas W. Wilson (1856-1924). En su programa, llamado «Los catorce puntos de Wilson», proponía crear un organismo mundial responsable de la paz para evitar que volvieran a repetirse los horrores de la Gran Guerra. El Pacto de la SDN es firmado por 42 países fundadores, la mayoría de entre los cuales había participado en el conflicto.

Según el Pacto, la organización tiene tres objetivos:

- prevenir las guerras según el principio de seguridad colectiva;
- hacer que se respete el derecho internacional gracias a la creación en 1922 de una Corte Permanente de Justicia Internacional, y resolver los conflictos mediante la negociación y el arbitraje;
- mejorar la calidad de vida global de la sociedad.

En cuanto al funcionamiento de la SDN, está garantizado

por una Asamblea General en la que se reúnen todos los Estados miembros, un Consejo compuesto por nueve miembros (cinco permanentes —Reino Unido, los Estados Unidos, Francia, Italia y Japón—, y cuatro no permanentes elegidos por la Asamblea General), y un Secretariado encargado de la gestión administrativa de la organización.

¿Sabías que...?

La Sociedad de Naciones aporta un importante cambio en la filosofía diplomática: pretende que la negociación colectiva sustituya a la diplomacia secreta. Antes, las relaciones internacionales se gestionaban mediante tratados, misiones diplomáticas y congresos, pero ninguno tenía como objetivo ser permanente. Así pues, la idea de Wilson es crear una organización duradera que se encargue de suavizar las tensiones internacionales. Para ello, sienta las bases de un principio novedoso, el de la seguridad colectiva. A partir de ahora, cada Estado considera que la seguridad de uno es asunto de los demás, porque compromete la seguridad de todos. De esta forma, los países deciden mediante un acuerdo común responder juntos a las amenazas y a los ataques contra uno de ellos. De ahora en adelante, el principio de acción colectiva implica que cada país tiene que estar listo para tomar las armas por otro, y a hacerlo con rapidez.

EL PERÍODO DE ENTREGUERRAS O EL FRACASO DE LA PAZ

Aunque la idea de la SDN es valiente y novedosa en cuanto a su concepción de las relaciones diplomáticas, resulta ser un fracaso. En septiembre de 1939, Alemania y la Unión Soviética invaden Polonia, lo que precipita al mundo entero a la Segunda Guerra Mundial. La Sociedad de Naciones fracasa en su papel de garante de la paz: se muestra incapaz de prevenir el aumento del poder del nazismo y de impedir las agresiones de los países del Eje (Alemania, Italia y Japón) durante el período de entreguerras.

Son muchos los motivos de este fracaso. En primer lugar, la Sociedad de Naciones no puede apoyarse en un ejército propio y, por lo tanto, la aplicación de sus decisiones está sometida al antojo de las grandes potencias. La mera autoridad moral de la organización no basta para obligar a uno de sus miembros a obedecer. Por otra parte, no todos los países forman parte de ella, como los Estados Unidos —que, sin embargo, fueron los que instigaron su creación— o la Unión Soviética bolchevique, que no se suma a la SDN hasta 1934. Con la ausencia de estos dos actores clave, la defensa de los principios de la SDN recae sobre Reino Unido y Francia que, habiendo optado por una política de apaciguamiento, no están seguras de querer recurrir a la fuerza para imponerse. Además, como la adhesión no es una condición sine qua non para desempeñar un papel importante en la escena mundial, a los Estados les resulta sencillo entrar y salir de la SDN a su antojo, sin ser marginados de la diplomacia. Por consiguiente, importantes potencias deciden simplemente abandonar el organismo, que no está en consonancia con sus aspiraciones expansionistas y nacionalistas: es el caso de Japón y de Alemania en 1933, y más tarde de Italia, en 1937.

LA SEGUNDA GUERRA MUNDIAL Y EL DESEO DE UNA NUEVA ORGANIZACIÓN

El año 1939 marca el fin de la SDN. Sin embargo, pensando ya en la postguerra, algunos Estados formulan en 1941 —cuando Europa está sometida casi en su totalidad a las fuerzas del Eje— su deseo de que se cree una nueva institución. De hecho, los estragos causados por la guerra, tanto en el plano humano como en el material, ponen de relieve la necesidad de organizar un debate político internacional en cuanto vuelva la paz. En este sentido, las cosas se organizan desde el inicio del conflicto:

- el 12 de junio de 1941, la Declaración de St. James es firmada por los nueve gobiernos exiliados en Londres (Grecia, Bélgica, Noruega, Checoslovaquia, Luxemburgo, los Países Bajos, Polonia, Yugoslavia y la Francia libre). Todos se comprometen a cooperar con los otros pueblos libres tanto en tiempos de guerra como en épocas de paz. Así pues, sientan las bases de la ONU;
- el 14 de agosto de 1941, se ratifica la Carta del Atlántico. A pesar de que los Estados Unidos aún no han entrado en el conflicto, el presidente Franklin Roosevelt y el primer ministro británico Winston Churchill (1874-1965) reafirman en una declaración común —llamada la Carta del Atlántico porque fue suscrita a bordo de un barco— la voluntad de crear una nueva institución encargada del

mantenimiento de la paz y la seguridad internacional. En este proyecto, esbozan entre otras cosas algunos principios que organizarían la postguerra, destacando la libertad de recorrer los mares, el desarme y el establecimiento de una justicia internacional;

- el 1 de enero de 1942 nace la Declaración de las Naciones Unidas. En un momento en que prácticamente toda Europa se encuentra en manos de Alemania, los representantes de los 26 Estados que luchan contra las fuerzas del Eje firman una declaración común que confirma su absoluto compromiso con el esfuerzo de guerra, así como el rechazo de proceder a una paz cualquiera con el enemigo. Es la primera vez que se utiliza la expresión «Naciones Unidas»;
- las conferencias de Moscú (octubre de 1943) y de Teherán (diciembre de 1943) son la ocasión de que las cuatro grandes potencias (la URSS, Reino Unido, los Estados Unidos y China) reafirmen su voluntad de establecer, inmediatamente después de la guerra y con la mayor brevedad posible, una organización internacional encargada de solucionar pacíficamente los conflictos.

Después del conflicto, la comunidad internacional debe enfrentarse a muchos otros problemas: ahora hay que abordar la cuestión de los refugiados, de los deportados, de los huérfanos y de los heridos de guerra, así como solucionar problemas de higiene y epidemias. A todo esto se le añade la perspectiva de una nueva guerra. Esta situación hace indispensable la creación de una organización internacional encargada de coordinar las acciones de todos los organismos creados durante la guerra.

FRANKLIN ROOSEVELT, HOMBRE DE ESTADO AMERICANO

Fotografía de Franklin Roosevelt de 1933.

Franklin Roosevelt es el 32.º presidente de los Estados

Unidos. Desde su investidura en 1932 hasta su muerte en abril de 1945, es uno de los hombres destacados del siglo XX y uno de los presidentes más célebres de los Estados Unidos.

Nacido en Hyde Park (Nueva York) el 30 de enero de 1882, es hijo único de un adinerado empresario. Se diploma en derecho en Harvard en 1904, y enseguida se orienta hacia la política. Es elegido senador demócrata del Estado de Nueva York. A pesar de una enfermedad que le provoca una pérdida progresiva del uso de una de sus piernas, accede al puesto de gobernador de ese mismo Estado y, posteriormente, a la presidencia de los Estados Unidos en marzo de 1932.

Roosevelt debe gobernar un país azotado por la crisis de 1929. Enseguida, toma medidas de urgencia y establece a partir de 1933 el New Deal, una política basada en una fuerte intervención del Estado en la economía y en los asuntos sociales. Logra mejorar la situación de su país y es reelegido para un segundo y un tercer mandato (1936 y 1940).

Aunque su país no entra en conflicto con Alemania hasta diciembre de 1941, el presidente decide manifestar su simpatía hacia las democracias occidentales prestándoles ayuda financiera y logística en su lucha contra las fuerzas del Eje. Ardiente defensor de la creación de un organismo para mantener la paz mediante la acción colectiva, es uno de los instigadores de la Carta del Atlántico, documento al origen de las Naciones Unidas. Asimismo, Roosevelt es el primero en emplear la expresión «Naciones Unidas» en una declaración homónima, y ocupa un lugar importante en la transformación del mundo tras la guerra.

Muere el 12 de abril de 1945 cuando acababa de conseguir un cuarto mandato y antes de que tuviera lugar la primera conferencia que fundaría la Organización de las Naciones Unidas en San Francisco. Sin embargo, le deja a su país una importante baza: el liderazgo económico mundial y la misión de garantizar la defensa de la democracia en un mundo en el que ya comienza la Guerra Fría.

LA CREACIÓN DE LA ONU

DEL PROYECTO A LA REALIZACIÓN

El verdadero primer paso hacia la creación de la ONU se realiza en la Conferencia de Dumbarton Oaks, que tiene lugar cerca de Washington. Los representantes de China, de la URSS, de los Estados Unidos y de Reino Unido se reúnen allí del 21 de agosto al 7 de octubre de 1944 para elaborar los engranajes de la futura institución, abordando por fin las cuestiones de su objetivo general, de su estructura y de su funcionamiento. Al final de este encuentro, el proyecto se somete a la examinación de los diferentes miembros de las Naciones Unidas, que podrán hacer comentarios y sugerencias.

La Conferencia concluye con un desacuerdo en lo relativo a una importante cuestión: las condiciones necesarias para entrar en la Organización y para obtener el derecho de voto. De hecho, la Unión Soviética quiere que todas las repúblicas que la forman sean un miembro de derecho y, por tanto, posean derecho de voto. Esta situación le otorgaría varios votos a la URSS, algo que los Estados Unidos no pueden aceptar. Esta discrepancia augura claramente la ruptura que tendrá lugar dentro de poco entre la URSS y los Estados Unidos.

La cuestión se zanja en la Conferencia de Yalta de febrero de 1945, en la que se reúnen los líderes de la URSS, de los Estados Unidos y de Reino Unido. Este encuentro completa el trabajo iniciado en Dumbarton Oaks, y en él se llega a un acuerdo parcial en cuanto al número de repúblicas soviéticas autorizadas a convertirse en miembros de la ONU: la República Socialista Soviética de Bielorrusia y la República Socialista Soviética de Ucrania tendrán cada una de ellas un voto, lo que eleva el número de votos de la URSS a tres.

LA CARTA DE LAS NACIONES UNIDAS

La Conferencia de San Francisco (25 de abril-26 de junio de 1945)

La próxima conferencia, a la que están invitados 45 países y cuyo objetivo es elaborar la Carta de las Naciones Unidas, tendrá lugar en San Francisco. La inesperada muerte del presidente estadounidense Roosevelt hace que se tema un aplazamiento del evento, pero su sucesor, Harry S. Truman (1884-1972), decide mantener todas las disposiciones adoptadas hasta el momento. Así pues, los delegados de 50 países se reúnen del 25 de abril al 26 de junio en San Francisco para participar en una conferencia histórica.

¿SABÍAS QUE...?

Aunque fueron 45 los países que recibieron la invitación enviada el 5 de marzo de 1945, estuvieron presentes 50 y en la Carta aparecen 51 firmas. ¿Cómo se explica esto?

Los 45 países invitados son los que le habían declarado la guerra a Alemania y a Japón y, por tanto, los que habían firmado la Declaración de las Naciones Unidas. A estos países se le suman el Líbano y Siria, invitados por Francia, y las dos repúblicas soviéticas socialistas de Bielorrusia y de Ucrania. Argentina y Dinamarca, que acababa de ser liberada, elevaron el número de países a 51. Pero Polonia no pudo asistir a la Conferencia, ya que la composición de su gobierno se había anunciado demasiado tarde. Sin embargo, en la Carta se deja un espacio para que pueda firmarla más tarde y forme parte de los 51 miembros fundadores de la organización.

Hoy en día, 193 países integran la ONU, lo que representa la práctica totalidad de los Estados del mundo, exceptuando cuatro Estados reconocidos pero no miembros: Palestina, el Vaticano, las islas Cook y Niue (en el Pacífico). Como poseer el estatus de Estado es una de las condiciones para lograr la adhesión, entidades como Kosovo o el Tíbet, que no están reconocidas por todos los Estados, no pueden aspirar a unirse a la Organización.

Que 50 países se pongan de acuerdo para crear un documento de estas características no es tarea fácil. Los distintos puntos de vista provocan, en efecto, varias crisis que hacen que algunos observadores teman que la Conferencia no culmine en un acuerdo. Así, asuntos como la tutela de las antiguas colonias de los vencedores, o incluso la cuestión del derecho de veto de las grandes potencias, frenan ligeramente los debates. Pero finalmente se superan estos desacuerdos y se adopta la Carta el 25 de junio de 1945 por unanimidad. Se firma al día siguiente por los delegados de cada uno de los 50 Estados. Sin embargo, no entra en vigor hasta que todos los miembros la ratifican, es decir, el 24 de octubre de 1945, fecha oficial de la fundación de la ONU y de la desaparición de la SDN.

Objetivos y principios de la ONU

La Carta de las Naciones Unidas es el elemento constitutivo de la Organización: fija los objetivos de la institución, así como los principios, derechos y deberes que tendrán que ser respetados por todos los países que acepten someterse a la misma y entrar en la organización.

La ONU tiene cuatro objetivos esenciales, muy próximos a los de la SDN:

- mantener la paz y la seguridad mundial favoreciendo las relaciones amistosas entre los países;
- garantizar el respeto de la justicia, de la tolerancia, de la libertad del otro, del derecho de los pueblos a la libre determinación, así como la defensa de los Derechos Humanos;
- ayudar a los países desfavorecidos a mejorar sus recursos para vencer el hambre, el analfabetismo y la enfermedad;
- favorecer el progreso técnico y social.

Los principios esenciales de la Organización se describen en la Carta:

- la igualdad soberana de todos sus miembros;
- la resolución pacífica de las disputas y la prohibición de recurrir a amenazas o a la fuerza armada en caso de conflicto;
- el respeto al derecho de los pueblos a la libre

autodeterminación;

- la prohibición de intervenir (no intervención) en cuestiones que pertenezcan a la competencia nacional de un Estado.

Composición de la ONU

La estructura de la nueva organización se funde con las antiguas estructuras de la SDN. De hecho, está formada por seis órganos principales:

- la Asamblea General. Representa el único órgano en el que todos los países que integran la Organización están representados. Es un tipo de parlamento de los Estados miembro. Sus competencias son muy diversas: estudiar, deliberar y realizar recomendaciones destinadas a animar a la cooperación internacional. Pero ningún Estado está obligado a someterse a lo que, más que consejos, parecen órdenes. La Asamblea General se encarga también de elegir a los miembros de los otros órganos de la ONU y supervisa la acción de ciertos organismos y agencias. Aunque su influencia es bastante limitada, en ocasiones llama la atención sobre cuestiones graves y, así, fuerza a la comunidad internacional a posicionarse o a enfrentarse a problemas de importancia, entre los que se destaca la descolonización de África o el *apartheid* de Sudáfrica. Cuando la Asamblea tiene que tomar una decisión, se suele necesitar una mayoría simple, y todos los miembros cuentan con un voto independientemente de su tamaño o de su población. No obstante, para cuestiones más importantes, como el presupuesto o la admisión de un nuevo país, la Asamblea General pide una mayoría de dos tercios;

- el Consejo de Seguridad. Al principio, estaba formado por 11 Estados, de entre los cuales cinco eran miembros permanentes (la URSS, los Estados Unidos, Reino Unido, Francia y China) y seis no permanentes elegidos por la Asamblea General por un mandato de dos años. Con el aumento del número de integrantes de la ONU, una enmienda a la Carta eleva en 1965 el número de miembros del Consejo de Seguridad a 15. Se mantienen los mismos cinco miembros permanentes y hay diez no permanentes, para lograr así obtener una representación igualitaria de cada continente.

UNA ADHESIÓN CONTROVERTIDA

En esta época, China está representada por Taiwán (una república de China) —apoyado por los Estados Unidos— y no por la República Popular de China, que no nace hasta 1949.

La petición de adhesión de esta última, apoyada por la URSS, es una de las más intensamente discutidas. Entre 1949 y 1971, los Estados Unidos, de hecho, imponen su derecho de veto en cada nueva sesión para bloquear la petición. Pero el 25 de octubre de 1971 acaban cediendo para mejorar sus relaciones con la China continental. Por tanto, la República Popular de China acaba por integrar el Consejo y se convierte en el único representante del país, puesto que se excluye a Taiwán.

El Consejo de Seguridad es responsable del mantenimiento de la paz y la seguridad mundial. Por lo tanto, es de su competencia evitar el estallido de una guerra. Cuando un país implicado en un conflicto recurre a él, el Consejo de Seguridad vota una decisión —llamada «resolución»— que todos los Estados concernidos están obligados a respetar. La acción de este Consejo es gradual:

- cuando un Estado presenta una denuncia, evalúa las posibilidades de negociar un fin pacífico al conflicto;
- si no se encuentra ninguna solución pacífica y el Consejo llega a la conclusión de que la paz está realmente amenazada, o que incluso puede violarse, se pueden adoptar sanciones diplomáticas o financieras, como el bloqueo decretado cuando Irak invadió Kuwait en 1990;
- si estas medidas resultan ineficaces, la Carta le permite al Consejo de Seguridad enviar un contingente armado —los Cascos Azules— a las zonas de conflicto, ya sea para garantizar la paz cuando los beligerantes acepten el cese de los combates o para imponerla cuando ninguno de los actores quiere poner fin a la guerra.

Cada decisión se somete a voto y tiene que lograr una mayoría de nueve miembros, pero cada miembro permanente del Consejo de Seguridad tiene derecho de veto, lo que le permite oponerse y bloquear cualquier decisión tomada por el resto de países. Este derecho de veto se habría situado en el corazón de un importante desacuerdo durante la redacción de la Carta. Asimismo, no solo causará graves problemas durante la Guerra Fría, sino que sigue provocándolos hoy en día.

La ONU no cuenta con un ejército propio: la fuerza militar encargada del mantenimiento o el restablecimiento de la paz y la seguridad mundial —llamada los Cascos Azules o «soldados de la paz»— está formada por contingentes militares de países miembros de la ONU que ponen a disposición del organismo su personal y su equipamiento.

Su papel consiste, por ejemplo, en velar por la aplicación de un alto al fuego, por el respeto de los Derechos Humanos, en proteger a la población civil, en la remoción de minas, etc. Pero en algunos casos puede ser que el Consejo de Seguridad recurra a otra organización internacional que no dependa de la ONU, como la OTAN, para llevar a cabo acciones de mantenimiento de la paz. Hoy en día, las Naciones Unidas disponen de un efectivo de 84 000 soldados procedentes de 122 países, que efectúan actualmente 16 operaciones de mantenimiento de la paz en el mundo, entre ellas en Haití, en Mali, en el Líbano, en Oriente Próximo, en Afganistán, en la India, en Chipre, en Siria, en Costa de Marfil y en Sudán.

- la Secretaría. El principal órgano de gestión de la ONU se beneficia de un mandato renovable de cinco años. Está compuesto por funcionarios de los distintos países miembros (unos 9000 empleados establecidos hoy en día en Nueva York, Viena, Ginebra y en otras grandes ciudades), y lleva a cabo tareas administrativas que le asignan los otros órganos de la institución, prepara informes, realiza estudios y encuestas, etc. También le transmite las denuncias al Consejo de Seguridad y tiene que comunicarle a la Organización cualquier asunto que amenace la seguridad internacional.

- El Secretario General es el responsable de la gestión y es elegido por la Asamblea General con la recomendación del Consejo de Seguridad para un mandato de cinco años. A la vez portavoz de la ONU y verdadera encarnación de la institución, a menudo interviene en calidad de negociador principal en caso de conflicto;
- el Consejo Económico y Social. Coordina las acciones económicas y sociales de los diferentes programas de la Organización y anima a la cooperación internacional para mejorar la situación de los países menos desarrollados. Al principio estaba formado por representantes de 18 países, elegidos para mandatos de tres años por la Asamblea General, pero esta cifra, tras las enmiendas de 1965 y de 1974, ha aumentado a 54;
- el Consejo de Administración Fiduciaria. Está encargado de supervisar la manera en que se gestionan los territorios situados bajo la tutela de la ONU y de lograr que adquieran autonomía o independencia. Fruto del sistema de mandato de la SDN, se establece para evitar que las colonias recuperadas de los países vencidos sean anexionadas por los países vencedores, e implica que la administración de la colonia le sea confiada a un país tutor hasta que se determine su estatus. Con el movimiento de descolonización que se produjo durante los años cincuenta y sesenta, el papel de este consejo tiende a disminuir progresivamente hasta 1994, cuando Palaos,

último territorio bajo tutela de las islas Carolinas, accede a la independencia. Este organismo ha recibido más tarde nuevas atribuciones, entre las que se encuentra la administración del patrimonio común de la humanidad y el establecimiento de un espacio de debate para los pueblos minoritarios y aborígenes;

* la Corte Internacional de Justicia. Su sede se sitúa en La Haya desde su creación en 1946, y es el principal órgano judicial de la ONU. 15 jueces, que representan una muestra de los grandes sistemas jurídicos internacionales, son elegidos por un período de nueve años mediante dos votos distintos, uno de la Asamblea General y otro del Consejo de Seguridad. Además de prestar asesoramiento jurídico a petición de otros órganos (competencia consultiva), la Corte puede tomar decisiones de arbitraje vinculantes (competencia contenciosa), pero solo cuando las partes se someten a su jurisdicción. En estos casos, se debe hacer un seguimiento obligatorio de la decisión, con el pretexto de informar al Consejo de Seguridad.

El «sistema de las Naciones Unidas» designa las numerosas divisiones administrativas vinculadas a ámbitos específicos que gravitan en torno a los seis órganos principales de la ONU. Estos órganos subsidiarios y agencias especializadas dependen de la Asamblea General o del Consejo Económico y Social. Entre los más conocidos se encuentran:

* el Banco Internacional para la Reconstrucción y el Desarrollo, creado en 1945 (BIRD);
* la Organización de las Naciones Unidas para la Alimentación y la Agricultura, fundada en 1945 (FAO);

- el Fondo Monetario Internacional, nacido en 1945 (FMI);
- la Organización Internacional del Trabajo, fundada en 1946 (OIT);
- la Organización Mundial de la Salud, nacida en 1946 (OMS);
- la Organización de las Naciones Unidas para la Educación, la Ciencia y la Cultura, creada en 1946 (UNESCO);
- la Agencia Internacional de la Energía Atómica, fundada en 1956 (AIEA);
- la Asociación Internacional para el Desarrollo, creada en 1960 (AID).

REPERCUSIONES

LA PAZ Y LA SEGURIDAD INTERNACIONAL

Una de las principales misiones de la ONU es preservar la paz y la seguridad de las naciones. Durante la Guerra Fría, se lanza una primera generación de intervenciones (13 en total entre 1948 y 1988) en conflictos en Oriente Medio, África y Asia.

Cuando la Organización apenas acaba de crearse, ya se solicita su intervención para resolver un conflicto territorial entre dos comunidades provocado por el fin del mandato británico en una de sus colonias: Palestina, reivindicada por palestinos e israelíes. La Asamblea General vota un plan de reparto el 29 de noviembre de 1947 que abandona la idea de un Estado unitario en favor de un Estado federado binacional. Así pues, coexistirían un Estado árabe y un Estado judío, mientras que la administración de la capital, Jerusalén —que obtendría el estatus de ciudad internacional—, estaría en manos de las Naciones Unidas. Pero el fracaso del plan tiene unas consecuencias que todos conocemos, y el conflicto perdura casi 70 años después. Una primera fuerza de mantenimiento de la paz —pero que se presentará como observador no armado— es enviada en 1948 para velar por el respeto de la tregua árabe-israelí. En cuanto a la primera intervención de los Cascos Azules, tiene lugar en el marco de la crisis de Suez (1956), la guerra entre Egipto y una coalición formada por Israel, Francia y Reino Unido como consecuencia de la nacionalización del canal de Suez.

Tras la caída del muro de Berlín, se llevan a cabo 56 operaciones de segunda generación con múltiples objetivos sociales y políticos: supervisar las elecciones en Camboya (1991-1993), ofrecer ayuda humanitaria en Somalia, asegurar la presencia de Cascos Azules en Chipre, etc. A pesar del creciente número de intervenciones, algunos le reprochan no haber sido capaz de impedir en 1994 el genocidio de los tutsis en Ruanda, que causó casi 800 000 muertos. La ONU también ha sido fuertemente criticada tras el desastre de Srebrenica (Bosnia-Herzegovina) en julio de 1995, cuando los 400 Cascos Azules holandeses presentes en la zona no evitaron la masacre de civiles debido a una falta de información desde Nueva York. Pero su no intervención se relaciona a menudo con el veto de uno de los miembros permanentes del Consejo de Seguridad: por ejemplo, tras el veto de China y de la URSS, no se ha llevado a cabo ninguna acción en el Tíbet o en Chechenia, respectivamente. Esta situación hace que algunos especialistas propongan una amplia reforma de la administración de la ONU, convencidos de que sus estructuras no están adaptadas a los actuales desafíos.

EL DESARME Y EL CONTROL NUCLEAR

Los fundadores de la ONU esperaban que el mantenimiento de la paz permitiese controlar y disminuir a largo plazo el armamento mundial. A pesar de que, evidentemente, ha fracasado, la institución ha facilitado la negociación de varios tratados multilaterales en el contexto tenso de Guerra Fría, entre los que destaca el Tratado de Prohibición Parcial de Ensayos Nucleares (1963), el que prohíbe la colocación de armas de destrucción masiva en la órbita de la Tierra, en la Luna o en cualquier otro cuerpo celeste (1966) o incluso el Tratado sobre la No Proliferación de las Armas Nucleares

(1968). Sin embargo, han tenido que pasar más de 20 años hasta que grandes potencias nucleares ratificaran este último tratado y, a día de hoy, aún no todas lo han hecho. Ocurre lo mismo en el caso del Tratado de Prohibición Completa de Ensayos Nucleares, negociado en 1996 y que todavía no ha entrado en vigor. A pesar de lo complejo de las misiones, la ONU continúa intentando eliminar las armas de destrucción masiva, así como limitar y controlar el armamento y la energía nuclear.

LA AYUDA AL BIENESTAR ECONÓMICO Y A LA COOPERACIÓN

Son muchos los órganos subsidiarios y las agencias especializadas que tienen como responsabilidad promover el bienestar económico y la cooperación en ámbitos como la reconstrucción posterior a la guerra, la asistencia técnica, el comercio y el desarrollo.

Después de la devastación provocada por la Segunda Guerra Mundial, la ONU crea la Organización Internacional para los Refugiados (1947-1951) a partir de un organismo existente desde 1943, la Administración de las Naciones Unidas para el Auxilio y la Rehabilitación (UNRRA). Entonces se forman diversas comisiones para resolver los problemas regionales: para Asia en 1947, para Latinoamérica en 1948 y para África en 1958. Tras la descolonización que tuvo lugar en los años cincuenta y sesenta, la ONU establece una serie de organismos destinados a enfrentarse a los problemas de desarrollo económico en estos países. También podemos mencionar el Banco Mundial —aunque oficialmente no depende de la ONU— que le otorga a los países en vías de desarrollo préstamos y subsidios, y que ha apoyado más de 11 000 proyectos de desarrollo en más de 100 países desde 1947.

LA AYUDA AL BIENESTAR SOCIAL Y A LA COOPERACIÓN

Con los nuevos desafíos de finales del siglo XX, los importantes movimientos de migración y las graves crisis humanitarias, el papel de la ONU en materia de desarrollo social aumenta. Se han logrado grandes éxitos en la mejora de la salud y del bienestar de la población mundial.

Los Derechos Humanos

El 10 de diciembre de 1948, la Asamblea General adopta la Declaración Universal de Derechos Humanos, que recoge los derechos fundamentales y naturales del hombre reconocidos y aceptados en las democracias occidentales. Asimismo, se redactan otros dos pactos en 1966 —uno relativo a los derechos económicos, sociales y culturales, y el otro a los derechos políticos y civiles—, pero estos no son ratificados por todos los Estados. La acción de la ONU también busca reforzar los derechos de las mujeres y los niños, con la Convención sobre los Derechos del Niño de 1989.

Las cuestiones medioambientales

Las intervenciones de las Naciones Unidas en lo relativo a cuestiones medioambientales son numerosas. En 1972, la ONU organiza una conferencia sobre el desarrollo humano para responder a las preocupaciones mundiales sobre problemas medioambientales, que lleva a la creación de un Programa de las Naciones Unidas para el Medio Ambiente (PNUMA). El programa, encargado de encontrar soluciones a diversos problemas de orden medioambiental, como la deforestación, la contaminación o el calentamiento del planeta, culmina en los protocolos de Montreal (1987), cuyo objetivo es determinar medidas para proteger la capa de ozono.

Además, en 1992 (renovada en 2012) tiene lugar en Río de Janeiro una conferencia internacional, llamada la Cumbre de la Tierra, en la que se establece un plan de desarrollo sostenible de los recursos de la Tierra para el siglo XX. Desde 1995, la Convención Marco de las Naciones Unidas sobre el Cambio Climático se reúne todos los años y se encuentra en el origen del Protocolo de Kioto (2005), un tratado que pretende reducir las emisiones de gases de efecto invernadero.

La salud pública y el bienestar

Dos organismos importantes dependientes de las Naciones Unidas contribuyen a mejorar el bienestar de la población mundial. Se trata, por una parte, del Fondo de las Naciones Unidas por la Infancia (UNICEF), creado en 1946 para satisfacer las necesidades de los niños en los países devastados por la Segunda Guerra Mundial, y que después se añade a la ONU como organización permanente en 1953. UNICEF aporta asistencia humanitaria y de desarrollo a niños y a madres vulnerables. Entre sus contribuciones, destaca su ayuda a la alimentación de niños en más de un centenar de países, a proporcionarles productos de subsistencia y a erradicar las enfermedades infantiles. Además, trabaja por la mejora de las condiciones de vida de los niños, y ejerce una importante responsabilidad de supervisión del respeto de sus derechos.

Por otra parte, la Organización Mundial de la Salud (OMS) trata las cuestiones relativas a la salud: campañas de inmunización en países en vías de desarrollo, control de calidad de medicamentos regulando a las empresas farmacéuticas, intervención en caso de epidemia y, sobre todo, acciones para combatir la transmisión del sida.

La cuestión de los refugiados

La Organización Internacional para los Refugiados es la encargada, tras el fin de la Segunda Guerra Mundial, de repatriar, reinstalar y satisfacer las necesidades de cerca de un millón de refugiados. Eliminada en 1952, es reemplazada por una estructura internacional para los refugiados (ACNUR). Se redacta una convención sobre el estatuto de los refugiados y se nombra un Alto Comisario de las Naciones Unidas para los Refugiados. En 1949, se crea un organismo más específico, la Agencia de Naciones Unidas para los refugiados de Palestina en Oriente Próximo, que gestiona la asistencia a la población palestina establecida en los territorios de Estados vecinos.

¿SABÍAS QUE...?

Conocida como Alto Comisionado de las Naciones Unidas para los Refugiados (ACNUR), esta organización apolítica y humanitaria nace en 1951 y hoy en día administra a cerca de 50 millones de refugiados de todo el mundo. Su compromiso se vio recompensado por el Premio Nobel de la Paz en 1954 y 1981.

UN MUNDO SIN LAS NACIONES UNIDAS

Según algunos especialistas, el futuro de la ONU se vería comprometido sin una reforma de sus estructuras y de su funcionamiento. De hecho, muchos señalan los numerosos problemas que proceden del hecho de que la institución, creada en un contexto particular de postguerra, no ha evolucionado desde entonces, y que por tanto no está adaptada a los actuales desafíos. Se destacan varios aspectos:

* la proliferación de agencias especializadas y de instituciones que gravitan en torno a la ONU, algo que disminuiría la eficacia de sus acciones. De hecho, sufriría la competencia de otros actores internacionales que la duplican y fragmentan su trabajo;
* la capacidad de la organización para poder representar 191 Estados. La ONU a menudo se debate entre las exigencias, a veces contradictorias, de sus miembros, que además buscan defender sus propios intereses. Existen innumerables ejemplos de este tipo. Hemos perdido la cuenta de los numerosos vetos rusos y chinos que impiden imponer sanciones al régimen sirio de Bashar al-Asad (nacido en 1956) o el bloqueo americano que tuvo lugar en 2011 relacionado con una resolución que tenía por objeto condenar la política de colonización judía;
* la composición del Consejo de Seguridad. La elección de

cinco miembros permanentes, que ostentan un derecho de veto, se remonta a más de 60 años atrás y, por tanto, no estaría adaptada a la realidad diplomática internacional contemporánea. Los detractores denuncian lo que llaman el «directorio de las cinco grandes potencias» y proponen revisar al alza el número de miembros permanentes para incluir en él nuevas grandes potencias, así como un derecho de veto que solo podría emplearse en ciertas situaciones;

- ciertas reglas de la Carta de la ONU. Se critica especialmente la que prohíbe toda intervención en un país si las Naciones Unidas no han recibido el previo acuerdo del país en cuestión. Esta norma explica la lentitud de la intervención humanitaria en Darfur en 2011, que fue muy criticada por la opinión internacional.

A esta lista no exhaustiva se le añaden varias cuestiones que también han manchado la imagen de la Organización. Destaca sobre todo el fracaso de la prevención y de la protección de los tutsis durante el genocidio que tuvo lugar en Ruanda en 1994. Más recientemente, en el seísmo que devastó Haití en 2010, a la ONU le costó mucho coordinar con rapidez la ayuda, dejando que los Estados Unidos se encargaran de ello.

Sin embargo, muchos expertos reconocen que la ONU tiene muchas ventajas que, aún hoy en día, hacen de ella un organismo indispensable para el diálogo político mundial. La ONU, que se beneficia de un sólido apoyo por parte de la opinión pública, es ante todo un foro diplomático, un espacio de diálogo que reúne a todas las naciones y cuyo papel en la elaboración de normas contribuye a forjar el escenario en el que viven los Estados hoy en día.

EN RESUMEN

- El 10 de enero de 1920 se crea la Sociedad de Naciones, que reagrupa a 32 países en torno a la cuestión del mantenimiento de la paz internacional. Es el antepasado de las Naciones Unidas.
- El 12 de junio de 1941, la Declaración de St. James constituye el primer paso de un proceso que desembocará en la creación de la ONU.
- El 14 de agosto de 1941, el presidente estadounidense Franklin Roosevelt y el primer ministro británico, Winston Churchill, firman la Carta del Atlántico. Esta establece

los principios de una colaboración internacional cuyo objetivo es el mantenimiento de la paz y la seguridad.

- El 1 de enero de 1942, los representantes de 26 países en guerra contra las fuerzas del Eje firman la Declaración de las Naciones Unidas.
- Del 21 de septiembre al 7 de octubre de 1944, se elabora el primero proyecto de la ONU en la Conferencia de Dumbarton Oaks. Los representantes de la URSS, de los Estados Unidos, de China y de Reino Unido se ponen de acuerdo en los objetivos, los principios, la estructura y el funcionamiento de la futura institución.
- El 11 de febrero de 1945, la Conferencia de Yalta, que reúne a Franklin Roosevelt, Winston Churchill y Joseph Stalin, completa el trabajo iniciado en Dumbarton Oaks.
- El 26 de abril de 1945, los representantes de 50 países firman la Carta de las Naciones Unidas, elaborada durante la conferencia de San Francisco.
- El 24 de octubre de 1945, la Carta de las Naciones Unidas es ratificada por todos los Estados miembro, oficializando así la creación de la Organización de las Naciones Unidas, cuya sede social se encontrará en Nueva York.
- El 10 de enero de 1946, se abre la primera Asamblea General en Londres, y reúne a 51 Estados. La primera resolución adoptada tiene que ver con la destrucción de las armas de destrucción masiva. A continuación, se suceden una serie de operaciones cuyo objetivo es mantener la paz mundial y el bienestar de la sociedad.

PARA IR MÁS ALLÁ

FUENTES BIBLIOGRÁFICAS

* Berstein, Serge y Pierre Milza. 2006. *Histoire du XXe siècle. Le monde entre guerre et paix. 1945-1973*, tomo 2. París: Hatier.
* Casalis, Didier, Pierre Dufourcq, Arlette Frigout, André Kaspi, Sylvain Laboureur, Roland Mane y Hug. 1976. *Histoire des États-Unis*. París: Larousse.
* Chaumont, Charles y Frédérique Mestre-Lafay. 2000. *L'ONU*. París: PUF, colección *Que sais-je?*
* Compagnon, Olivier. "Création de l'ONU". *Encyclopædia Universalis*. Consultado el 31 de agosto de 2014. http://www.universalis.fr/encyclopedie/creation-de-l-o-n-u/
* Debouzy, Marianne. "Roosevelt Franklin Delano (1882-1945)". *Encyclopædia Universalis*. Consultado el 31 de agosto de 2014. http://www.universalis.fr/encyclopedie/franklin-delano-roosevelt/
* Fomerand, Jacques, Cecelia Lynch y Karen Mingst. "Nations unies (ONU)". *Encyclopædia Universalis*, 927-937.
* Hubac, Jean. 2013. *Dictionnaire chronologique des guerres du XXe siècle*. París: Hatier.
* Nations unies. Consultado el 31 de agosto de 2014. http://www.un.org/fr/
* Nations unies, "Histoire des Nations unies". Consultado el 31 de agosto de 2014. http://www.un.org/fr/aboutun/history/
* Nations unies, "La Charte des Nations Unies". Consultado el 31 de agosto de 2014. http://www.un.org/

fr/documents/charter/index.shtml
- Tavernier, Paul. 1996. *Les Casques bleus*. París: PUF, colección *Que sais-je?*.
- *Une autre ONU pour un autre monde*. 2010. París: Tribord, colección *Monde(s) du XXIe siècle*.

FUENTES COMPLEMENTARIAS

- Bertrand, Maurice. 2004. *L'ONU*. París: La Découverte.
- Cot, Jean-Pierre y Alain Pellet. 2005. *La Charte des Nations unies*. París: Economica.
- Liégeois, Michel. 2003. *Maintien de la paix et diplomatie coercitive. L'Organisation des Nations unies à l'épreuve des conflits de l'après-guerre froide*. Bruselas: Bruylant.
- McWhinney, Edward. 1986. *Les Nations unies et la formation du droit*. París: UNESCO, Pédone.
- Mingst, Karen y Margaret Karns. 2006. *The United Nations in the Twenty-First century*. Boulder: Westview Press.

FUENTE ICONOGRÁFICA

- Fotografía de Franklin Roosevelt de 1933. © Elias Goldensky.

PELÍCULAS Y DOCUMENTAL

- *Warriors*. Dirigida por Peter Kosminsky, con Matthew MacFadyen, Cal Macaninch y Ioan Gruffudd. Gran Bretaña, 2000.
- *Hotel Rwanda*. Dirigida por Terry George, con Don

Cheadle, Sophie Okonedo y Nick Nolte. Estados Unidos, Reino Unido, Italia y Sudáfrica: Lions Gate Films y United Artists, 2005.
- *Shooting Dogs*. Dirigida por Michael Caton-Jones, con John Hurt, Hugh Dancy y Claire-Hope Ashitey. Canadá, 2006.
- *Les Casques bleus: des soldats pour la paix*. Documental en *C'est pas sorcier*. Francia: France 3, 2007.
- *La verdad oculta*. Dirigida por Larysa Kondracki, con Rachel Weisz, Vanessa Redgrave y Monica Bellucci. Estados Unidos, Canadá y Alemania: First Generation Films, Barry Films, Mandalay Vision, Primary Productions y Voltage Pictures, 2010.

MONUMENTO

- Memorial en Mouzillon por los soldados caídos en misión para las Naciones Unidas desde 1948.

¡APRENDER
NUNCA ANTES FUE
TAN RÁPIDO!

www.en50minutos.es